# Antigua
## lieben lernen

*Der perfekte Reiseführer für einen unvergessli-
chen Aufenthalt in Antigua inkl. Insider-Tipps,
Tipps zum Geldsparen und Packliste*

Alina Rosenberg

# ✈ INHALT

# Was Sie in diesem Buch erwartet

Guatemalas einstige Hauptstadt Antigua gilt nicht nur als Perle Lateinamerikas – sie wurde aufgrund ihrer imposanten Lage zwischen drei majestätischen Vulkanen und ihrer architektonisch herausragenden Altstadt zum UNESCO-Weltkulturerbe ernannt. Bei erfahrenen Reisenden ist Antigua schon seit Jahren ein beliebter Geheimtipp und kein Besucher kann sich dem Reiz der Stadt entziehen: Zahlreiche ehemalige Touristen sind mittlerweile dort sogar ansässig und bereichern den lateinamerikanisch-indigenen Charme Antiguas mit einem internationalen Flair. So findet sich dort mittlerweile eine Vielfalt von Restaurants, Unternehmen für Touren und Cafés – allesamt angelockt durch das milde Klima des guatemaltekischen Hochlandes, dem sogenannten „Land des ewigen Frühlings".

Zwischen drei rauchenden Vulkanen treffen malerische bunte Häuser kolonialen Erbes, Kopfsteinpflastergassen und das kulturelle Erbe der indigenen Völker des Hochlandes zusammen und vermischen sich zu einem einzigartigen Flair. Doch nicht nur Städtereisende kommen auf ihre Kosten, Antigua besticht durch seine Lage auch als Ausgangspunkt für zahlreiche Wanderungen, Ausflüge und Unternehmungen in der Region und lockt so neben Kulturinteressierten auch wanderhungrige Adrenalinjunkies an.

Warum diese Kleinstadt inmitten des Hochlandes von Guatemala einen Besuch lohnt und wie man Antigua auch mit nur einem kleinen Reisebudget vollends auskosten kann, zeigt Ihnen dieser Reiseführer. Die folgenden Seiten bieten einen Einblick in die aufregende Geschichte des Landes und der Stadt, zeigen Ihnen die schönsten Höhepunkte in Antigua genauso wie spektakuläre Ziele in der nahen Umgebung – von bunten indigenen Märkten bis zum Schwimmen im idyllischen Atitlán-See bietet Antigua alles, was ein Herz mit Fernweh begehrt. Und auch die besonders sportlichen Besucher werden auf ihre Kosten kommen: Wer kann schon von sich behaupten, jemals neben einem feuerspuckenden Vulkan gecampt zu haben?

ALINA ROSENBERG

# Guatemala – Das Herz der Maya-Welt

Zwar mag Guatemala flächenmäßig nur klein sein, allerdings vereint das Land eine beeindruckende Fülle von Landschaften, Flora und Fauna – die landschaftliche Vielfalt streckt sich von der humiden Atlantikküste mit karibischem Einfluss bis hin zu den tropischen Regenwäldern des Petén, den Nebelwäldern des Nordens und sogar Wüsten. Schon in der frühen und späten Präklassik fanden sich die zivilisatorischen Zentren Amerikas in der Region des heutigen Guatemalas – so etwa El Mirador, und auch die weltberühmte Maya-Hauptstadt Tikal weist auf die Hochkultur Guatemalas in der Zeit von 250 bis 900 nach Christus hin.

In Guatemala nehmen die sogenannten Indígenas – Ureinwohner Amerikas - immer noch einen Bevölkerungsanteil von 50 Prozent ein, was etwa sechs Millionen Menschen entspricht, wodurch das Land mit ihrer Kultur, ihren Riten und durch die 21 indigenen Sprachen bereichert wird. Egal, in welche Stadt Guatemalas man einen Fuß setzt, man wird die bunten Muster der gewebten Kleider bemerken, an einem der lebhaften Märkte der Indígenas vorbeispazieren oder beim Kirchgang ungewöhnliche Opferstellen erblicken, die so gar nicht mit dem christlichen Glauben zusammenpassen. Das Hochland Guatemalas, wo auch Antigua liegt, ist die Heimat der Mehrheit der Maya, die in den Tälern der mächtigen rauchenden Vulkane siedeln. Dieses sehr fruchtbare Land wird vor allem für den Anbau des berühmten guatemaltekischen Kaffees genutzt, aber auch Maisplantagen finden sich an allen Ecken und Enden. Dem Mais kommt in der Religion der Indígenas eine bedeutende Rolle zu – nicht nur ersetzt er den Weizen als Grundnahrungsmittel, in der Mythologie der Maya wurden die Menschen aus Mais geschaffen, weshalb sich die Indígenas Guatemalas auch „Hombres de maíz" – Maismenschen – nennen.

Neben den einheimischen Bevölkerungsgruppen wird Guatemala vor allem von den Nachfahren der Kolonialherren aus Spanien geprägt, den sogenannten Ladinos, die das politische und wirtschaftliche Leben bestimmen. Auch Antigua wurde von diesen Konquistadores gegründet – hier treffen also Ladinos und Indígenas an einem der schönsten Orte Guatemalas aufeinander.

# Eine kurze Geschichte von Antigua

Eigentlich ist „Antigua" nur eine Kurzform – der gesamte Name der Kleinstadt lautet „La Antigua Guatemala" – was bereits auf das bedeutende Erbe der Stadt als Dreh- und Angelpunkt im kleinen mittelamerikanischen Land hinweist. Guatemala wurde von den Spaniern erobert, und während die erste Hauptstadt im Jahr 1534 noch beim heutigen Chimaltenango gegründet wurde, zog diese aufgrund starker Erdbeben bald schon in das heutige Ciudad Vieja um. Als in dieser zweiten Hauptstadt durch eine Schlammlawine – ausgelöst vom Vulkan Agua – mehrere Menschen starben und das damalige „Capitanía General de Guatemala" großflächig zerstört wurde, gründete Pedro de Alvarado schließlich am 10. März 1543 mit „La Muy Noble y Leal Ciudad de Santiago de los Caballeros de Goathemala" das heutige Antigua als dritte Hauptstadt, benannt nach dem Schutzheiligen und Bezwinger der Heiden, Jakobus.

Es folgte eine lange Blütezeit, indem Antigua zum kulturellen Mittelpunkt Lateinamerikas aufblühte: Antigua gab nicht nur ökonomisch, sondern auch kulturell und politisch den Ton an. Dies war bedingt durch die Lage in einem landwirtschaftlich ergiebigen Gebiet und führte zur Gründung von zahlreichen Klöstern, Gotteshäusern und auch Schulen. In der Hauptstadt tummelten sich nicht nur wohlhabende Händler, das Stadtbild war auch durch die christlichen Kleriker, schwarzen und indianischen Sklaven sowie Verwaltungsbeamte geprägt. Zwar wurde die Stadt immer wieder von Erdbeben heimgesucht, dies behinderte den Aufschwung Antiguas allerdings nur wenig. Um 1650 hatte die Stadt mehr als 50 000 Einwohner und eine ausgeprägte Infrastruktur und zählte damit neben Lima und Mexiko-Stadt zu den wichtigsten Zentren Amerikas. Schon 1660 wurde eine der ersten Druckerpressen des Kontinents in Antigua aufgestellt, und auch die Gründung der „Universidad de San Carlos de Borromeo" verhalf Antigua zu einer kulturellen und intellektuellen Blüte.

Die rund vierzigjährige Zeit, in der Antigua Regierungssitz Guatemalas war, wurde schlagartig von einem schweren Erdbeben im Jahr 1973 beendet, das die Stadt großflächig unter Ascheregen verschüttete – danach wurde erneut das politische Leben versetzt: Diesmal für immer, denn im Ort „La Nueva Guatemala de la Asunción" bildete sich die heutige Hauptstadt des Landes – Guatemala-Stadt.

Zwar spielten die Kräfte der Natur stets gegen Antigua, allerdings hielten die Guatemalteken stets an ihrer liebsten Stadt fest: Die herrschaftlichen Häuser, Kirchen und die prächtigen Innenhöfe wurden wiederaufgebaut und der Ort wurde von nun an „die Alte" genannt: „La Antigua". Reformen und ein Verschieben der Machtposition der Kirche ermöglichten schließlich auch Investoren, in Antigua eine – vor allem auf dem weltberühmten Kaffee beruhende – Wirtschaft zu etablieren. 1944 wurde Antigua zum Nationaldenkmal Guatemalas ernannt, außerdem zählt die Stadt zum Kulturerbe Nordamerikas und seit 1979 ist Antigua ein UNESCO-Weltkulturerbe der Menschheit: Antigua gilt als barockes Schmuckstück Guatemalas und als eine der schönsten Städte Zentralamerikas – Paläste, Plazas mit Grünanlagen, herrschaftliche Häuser sowie erhabene Klöster, Kreuzgänge und aufwändig verzierte Kirchen zeichnen bis heute Antiguas atemberaubende Schönheit aus.

An Antiguas Vergangenheit, die durch die einstige Blüte der Stadt und schwere Erdbeben und Vulkanausbrüche geprägt wurde, erinnern nicht nur die malerischen kopfsteinernen Gassen – zwischen den bunten Häusern finden sich an allen Ecken Ruinen und eingestürzte Prunkbauten aus der Kolonialzeit. Wie ein drohendes Mahnmal erheben sich die drei gigantischen Vulkane – Agua, Fuego und Acatenango – um die Stadt und scheinen die Besucher zu erinnern, wie zerbrechlich der strahlende Glanz der Stadt doch eigentlich ist.

# Leben in Antigua

**D**as Leben in Antigua ist geprägt von einer einmaligen Mischung aus den indigenen Kulturen des Hochlandes, den Ladinos und vor allem einer großen internationalen Szene. Trotz dieser Vielfalt leben in der Kleinstadt Antigua lediglich knapp 35 000 Menschen – umso erstaunlicher, dass sich die Stadt zum kulturellen Mittelpunkt und zur wohl modernsten Stadt des Landes gemausert hat. Obwohl die eigentliche Hauptstadt – Guatemala-Stadt – mit dem internationalen Flughafen nur vierzig Kilometer entfernt liegt, hat sich Antigua doch als touristischer Dreh- und Angelpunkt des Landes etabliert. Das liegt einerseits an der bestechenden Schönheit der Stadt und den angenehmen klimatischen Bedingungen, andererseits auch an den guten Anbindungen, die es von Antigua aus in alle Himmelsrichtungen des Landes gibt. Auch nach El Salvador und Honduras kommt man mit dem Fernbus von Antigua aus sehr einfach.

Im Vergleich zur Hauptstadt Guatemala-Stadt, die mit über einer Millionen Einwohner der größte Ballungsraum des Landes ist, ist Antigua sehr viel übersichtlicher und vor allem für Touristen sicherer. Guatemala-Stadt verzeichnet eine hohe Kriminalitätsrate und vor allem von Fahrten mit öffentlichen Bussen oder nächtlichen Spaziergängen muss aus Gründen der persönlichen Sicherheit dringend abgeraten werden. Antigua hingegen hat sich – auch aufgrund des Tourismus und der neu erschlossenen Einnahmequellen daraus – zu einer sehr sicheren Stadt entwickelt. Durch hohe Polizeipräsenz versuchen die Behörden, die Stadt für die Reisenden sicher zu halten – mit großem Erfolg: Mittlerweile zählt Antigua zu den sichersten Reisezielen Mittelamerikas. Trotzdem sollte selbst hier davon abgeraten werden, auf eigene Faust in unbekannte

Gegenden vorzudringen: Der Touristenbus ist immer dem öffentlichen Bus vorzuziehen, und gerade hierfür bietet Antigua eine ideale Infrastruktur.

Neben den Touristen haben sich eine große Zahl ehemaliger Touristen hier niedergelassen – angelockt von der Schönheit der Stadt und der Umgebung haben viele internationale Lokale, Cafés und auch Hotels eröffnet. Diese Varianz an Möglichkeiten ist für Guatemala einmalig und trägt natürlich ebenfalls zu einer vielseitigen Reise bei: Neben traditionellen guatemaltekischen Tortillas finden sich Pizzerien, irische Pubs und Sushi-Restaurants. Dasselbe gilt für die Shopping-Szene Antiguas – es haben Modeläden eröffnet und auch Einrichtungsgegenstände, Kunsthandwerk oder Gemälde werden in Antigua verkauft, was auch einkaufsfreudige Besucher an der Stadt Gefallen finden lässt.

Wer Spanisch lernen möchte, ist ebenfalls in Antigua an der richtigen Adresse. Fast an jeder Ecke gibt es Sprachschulen, in denen oft in Einzelunterricht Stunden auf allen sprachlichen Niveaus angeboten werden. Viele Backpacker aus aller Welt lassen sich oft erst einmal für einige Wochen in Antigua nieder, bevor sie die Gegend erkunden, denn den

Luxus, auch auf Englisch ohne Probleme durch Lateinamerika zu reisen, bekommt man nur selten geboten. Gerade in den ländlichen Teilen Guatemalas sind elementare Spanischkenntnisse nötig. Aufgrund dieser Tatsache findet sich eine vitale Traveller-Szene in Antigua zusammen.

Auch die medizinische Versorgung der Stadt ist gut – es gibt nicht nur zwei große Krankenhäuser, sondern auch Notfallambulanzen und internationale Ärzte. Apotheken finden sich in der 3 Calle Poniente, um den Hauptplatz herum finden sich ebenfalls alle Banken, die auch internationale Karten akzeptieren und ausländische Geldscheine in die Landeswährung Quetzales wechseln.

Trotz allem ist und bleibt Antigua im Herzen eine guatemaltekische Stadt, die ihren authentischen Charme erhalten hat. Das Stadtleben ist immer noch geprägt von Straßenverkäufern, die an der Ecke Avocados oder exotische Früchte für einen kleinen Preis feilbieten, jeden Morgen brechen die Plantagenarbeiter auf den Weg ins Umland auf und vor den vielen Kirchen herrscht ein reges Gedränge vieler Gläubiger. Gerade der Markt in Antigua zeigt, dass trotz des touristischen Einflusses diese Stadt ihren authentischen Reiz nicht verloren hat und noch nicht zur reinen Touristenstadt verkommen ist – auch wenn immer mehr Tour-Anbieter langsam damit beginnen, die Stadt für sich nutzbar zu machen. Für eine Reise dorthin scheint also jetzt der ideale Zeitpunkt: Der wahre lateinamerikanische Esprit ist noch erhalten, trotzdem können Sie sich – je nach Bedarf – auch auf Luxus und Comfort sowie vielfältige Möglichkeiten der Freizeitgestaltung einstellen.

# Highlights der Altstadt

Antigua ist ganz im Stil der spanischen Kolo-
nialarchitektur wie ein Schachbrettmuster
aufgebaut. Herz der Altstadt ist der Hauptplatz, um den sich die Straßen in regelmäßiger Sym-
metrie in Quadermuster anordnen: Sich in Antigua
zu orientieren, ist also sehr einfach – vor allem, da
die Straßen entsprechend ihrer Lage benannt sind:
Alle von Norden nach Süden laufenden Straßen heißen „Avenida" und sind von Ost nach West numme-
riert, die Querstraßen, die von Osten nach Westen

verlaufen, heißen „Calle". Der Hauptplatz als Mittelpunkt bestimmt den Beinamen – je nachdem, in wel-
cher Himmelsrichtung man sich befindet, kann sich
jeder Besucher sofort mit einem Blick auf den Stra-
ßennamen orientieren. Erleichternd dazu kommt
außerdem, dass die Altstadt so klein ist, dass sie zu
Fuß erkundbar ist, was zu ausgedehnten Streifzügen
und Spaziergängen zwischen den Patios, Klöstern
und kleinen Plätzen Antiguas einlädt.

Der Hauptplatz im Mittelpunkt heißt **Plaza Mayor** oder auch P**arque Central**. Während sich früher
an diesem Ort öffentliche Ereignisse wie Stier-
kämpfe, religiöse und militärische Paraden, Hinrich-
tungen oder auch Prozesse abspielten, findet sich
heute mitten im Park der berühmte Sirenenbrunnen
von Diego de Porres. Der Plaza Mayor wird eingerahmt von imposanten Bauten, darunter der erzbi-
schöfliche **Palacio Episcopal** und die Kathedrale
(**Catedral Metropolitana**). Die ursprünglich schon
1545 errichtete Kathedrale erhielt durch ein Erdbeben starke Schäden, weshalb die heutige Fassade vor
allem aus dem 17. Jahrhundert stammt. Einen Einblick auf die ursprüngliche Größe der Anlage vermit-
teln Reste von Gemäuer und Kuppeln, die sich vor

allem an der Südseite des Gebäudes finden. Weiterhin wird der Plaza Mayor vom **Ayuntamiento** eingerahmt – das Rathaus der Stadt, das durch seine stabilen Arkaden den Erdbeben trotzen konnte. Dort befand sich einst das Gefängnis, heute dient es als Museum für zwei unterschiedliche Sammlungen: Das **Museo de Santiago** stellt vor allem Gegenstände wie Waffen, Möbel, Einrichtungsgegenstände und auch Gemälde der Indígenas und der Kolonialherren aus, während sich das **Museo del Libro Antiguo** mit der Entwicklung des Buchdrucks und dem literarischen Lebens Guatemalas befasst – vor allem ein Nachbau der dritten Druckerpresse Amerikas beeindruckt die Besucher. Am Südende wird der Parque Central vom **Palacio de los Capitanes Generales** eingegrenzt, dem Palast der Generalkapitäne, welche einst in der Rolle der Stellvertreter des spanischen Königs in Guatemala fungierten. Dieses Gebäude diente auch als Räumlichkeit für das Gericht, für verschiedene Verwaltungsaufgaben und beinhaltete eine Kaserne. Auch dieses Gebäude wurde nach dem großen Erdbeben von 1717 neu aufgebaut: Während der Palacio einst ein typischer Repräsentant der Baukunst der Renaissance darstellte, ist er heute recht einfach in zwei große Bögen gegliedert. Das Wappen an der Vorderfront, das von zwei Löwen gehalten wird, solle die Macht der spanischen Krone zeigen. Heutzutage ist hier die Polizei angesiedelt, genauso die Verwaltung des Departamento, also der Region, und es beherbergt die Touristeninformation INGUAT – ein Besuch des Plaza Mayor sollte also bei keinem Stadtbesuch vernachlässigt werden.

Der Südosten der Plaza Central ist vor allem aufgrund der folgenden Gebäude und Sehenswürdigkeiten einen Besuch wert: Hier liegt das Gebäude der ehemaligen **Universidad San Carlos de Borromeo**, der dritten Universität in ganz Amerika. Die Hochschule wurde erst 1681 nach einem langen Streit zwischen König und den Geistlichen über ihre Finanzierung erbaut, danach wurden dort aber erfolgreich neben den vier klassischen Studienfächern der Renaissance – Philosophie, Jura, Medizin und Theologie – auch Cakchiquel gelehrt, eine Sprache der indigenen Bevölkerung Guatemalas, Indígenos wurden allerdings nicht an der Universität zugelassen. Auch heute ist das Gebäude einen zweiten Blick wert – der Innenhof ist ein Schmuckstück des Gartenbaus, ein

Brunnen kühlt die Luft inmitten von Blumen und schattigen Bogengängen. Die ehemalige Universität beherbergt auch ein Museum – das **Museo del Arte Colonial**, mit Bildern und Skulpturen des 17. bis 19. Jahrhunderts.

Beim Spaziergang durch den südlichen Teil der Stadt sollte man sich den Blick in eines der wenigen Privathäuser, die für Touristen betretbar sind, nicht entgehen lassen: Die **Casa Popenoe** beheimatete einst einen wichtigen Richter des spanischen Königshofs, später wurde sie durch Dr. Wilson Popenoe aufgekauft, der für die United Fruit Company in Guatemala tätig war. Dieses Gebäude wird heute noch bewohnt, allerdings sind einige Zimmer, die von Popenoe saniert wurden, öffentlich zugänglich und einen Besuch wert.

Auch findet sich ein großes Kloster Antiguas im Süden – **San Francisco** –, zu dem auch die gleichnamige Kirche gehört. Von den Franziskanern bereits im Jahr 1543 gegründet, entwickelte sich die dazugehörige Klosterschule bald zu einem Zentrum der Region. Die beeindruckende Architektur und die kunstvoll dekorierten Räume sind heute noch an einigen Überbleibseln ersichtlich. Besonders wichtig wurde San Francisco auch als Wallfahrtsort für die Gegend: Dort liegt die letzte Ruhestätte des Pedro de San José de Bentacur, der die Bethlehemiter gründete und in asketischer Lebensführung arme und von Krankheiten geplagte Menschen versorgte. Auch „Hermano Pedro" (Bruder Pedro) genannt, wurde er von Papst Johannes Paul II 2002 heilig gesprochen.

Der **Parque La Union** ist ein lebhafter Mittelpunkt Antiguas, an dem täglich ein kleiner Markt stattfindet – vor allem, wenn man auf der Suche nach Webarbeiten, Kunsthandwerk und Kleidung, Schmuck und Taschen ist, lohnt sich der Besuch. Aber auch sonst ist es eine einmalige Erfahrung, die Indígenas beim Feilschen und Plaudern zu beobachten. Hier befindet sich auch die **Iglesia de Santa Clara**, die Schwestern des Ordens – die Klarissinnen – hatten einen ganz besonderen Ruf: Sie lebten in großem Luxus und kochten und backten deutlich lieber, als dem Keuschheitsgelübde zu folgen.

Nördlich der Plaza Mayor stößt man bald auf den wohl am meist fotografierten Ort der Stadt und das heimliche Wahrzeichen Antiguas: Den **Arco de Santa Catalina**. Dieser berühmte hellgelbe Bogen, durch den an klaren Tagen – vor allem am frühen

Morgen – der Blick auf den Vulkan Agua möglich ist, gehörte zum Konvent Santa Catalina Virgen y Martír, der zu Ende des 17. Jahrhunderts der größte und bedeutendste Orden Antiguas wurde. Als mehr als 100 Nonnen im Kloster unterkommen mussten, wurde das Gebäude erweitert und der Bogen diente den Glaubensschwestern dazu, die Straße unbehelligt vor männlichen Blicken zu überqueren. Wie durch ein Wunder überdauerte der Arco alle Erdbeben und Naturkatastrophen und trägt so seinen Ruhm zu Recht.

Weiterhin findet sich im nördlichen Teil Antiguas die berühmte Kirche **La Merced**, die exemplarisch für die in Lateinamerika typische und dominante Architektur steht. Der prachtvolle Stuck im Stil des Churriguerismus umfasst Putten, Blumen, Weinranken und ornamentale Rosetten, welche die schneeweiße Vorderfront der Kirche zieren. Das zur Kirche gehörende Kloster existiert heute nicht mehr. Das Kloster **Las Capuchinas** hingegen – zugehörig zum Orden der Kapuzinerinnen – ist noch heute zugänglich und bietet einen interessanten Einblick in den Alltag der Nonnen Antiguas: Ab 1725 wurden hier aus Spanien stammende Nonnen angesiedelt, die unter strengsten Reglementuren selbst mit ihren Familienangehörigen kaum kommunizieren durften. Da der Eintritt in das Kloster nicht teuer war, bot dieser nicht nur mit einer reichen Mitgift ausgestatteten Damen Zuflucht, weshalb sich dort Nonnen aus allen Bevölkerungsschichten fanden. Der sogenannte Torre de Retiro (Turm des Zurückziehens) ist eine ganz besondere Konstruktion: Rund um einen runden Innenhof finden sich fast zwanzig Zellen mit je eigenen Toiletten und Wasserleitungen, darunter findet sich ein kreisförmiger Keller, der vermutlich als Lager für Speisen und Getränke diente – dieses architektonische Meisterwerk seiner Zeit ist in Lateinamerika einmalig.

**Santo Domingo** war wohl das prunkvollste Kloster Antiguas, es existierte allerdings nur von 1664 bis 1773 und fiel – wie viele Bauten – den Naturgewalten zum Opfer. Trotzdem kann man die Spuren der Größe und der Bedeutung des Klosters heute noch sehen, da auf architektonisch sehr geschickte Art und Weise ein Hotel mit dem gleichen Namen rund um die Überreste gebaut wurde. Auch wenn man dort nicht nächtigt, ist der Zugang zu den Sälen und Gärten für Besucher möglich und sollte auf keinen Fall verpasst werden.

Eine besondere Gaumenfreude bietet das **ChocoMuseo**, das nicht nur für Schokoladenliebhaber ein Muss ist. Bei der Besichtigung des Museums, das die Geschichte des Kakaos und die Herstellung der berühmten Schokolade visualisiert, wird vor allem Fokus auf die mythologische und zeremonielle Bedeutung von Kakao in den indigenen Religionen der Maya gelegt. Neben einem regulären Besuch gibt es ebenfalls die Möglichkeit, einen etwa zweistündigen Workshop zu buchen, bei dem mit Humor und Hintergrundwissen durch die Historie der Schokolade geführt wird, traditionelle Getränke gezeigt werden und jeder Teilnehmer einen Schokoladenriegel produzieren kann. Wer das Museum besucht, sollte unbedingt die Mayaschokolade ausprobieren – für den europäischen Geschmack mag sie zwar ungewohnt sein, aber sie ist dennoch von großer Bedeutung für die Region und gehört zu den Nationalgetränken Guatemalas.

Im Westen des Hauptplatzes Antiguas befindet sich noch der Orden **des Convento de La Compania de Jesús** – der von 1626 bis 1767 existierende Jesuitenorden der Stadt. Noch heute glänzt das Gebäude durch eine perfekte Restauration, hier hat sich das Kulturzentrum der Stadt angesiedelt: Wer auf der Suche nach aktuellen Veranstaltungen und Künstlern ist, sollte dorthin einen Abstecher machen.

Weiterhin befinden sich im Westen vor allem der Busbahnhof (**Terminal des Buses**), direkt dahinter liegt der **Mercado** – der Markt. Auch hier kann man einen langen Spaziergang einplanen: Sowohl Kunsthandwerk als auch Gegenstände des täglichen Bedarfs werden hier feilgeboten, gerade der große Obstmarkt lädt dazu ein, einige außergewöhnliche tropische Früchte für kleines Geld zu erwerben – besonders zu empfehlen sind die Avocados, Mangos und Passionsfrüchte.

Eine Möglichkeit, die Altstadt Antiguas kennenzulernen, sind geführte Führungen, die in vielen Sprachen angeboten werden. Um daran teilzunehmen, bietet es sich an, einfach an der Rezeption Ihres Hotels nachzufragen – oft organisieren die Unterkünfte diese selbst. Ein weiterer Ansprechpartner sind die zahlreichen Tour-Unternehmer, die sich nördlich des Plaza Central befinden, oder die Touristeninformation, die direkt am Hauptplatz gelegen ist. Oft gibt es auch kostenlose Touren, die

Reiseführer erwarten ein kleines Trinkgeld am Ende des Rundgangs. Normalerweise starten bis zu fünf Stadtführungen an einem Tag.

Neben diesen besonderen Gebäuden und Prunkbauten der Stadt entfaltet Antigua seinen Charme aber vor allem durch eigene Erkundungstouren durch die Gassen. Ein Blick in den Patio, die Obst- und Essenshändler an den Straßenecken und die kleinen Bäckereien, Cafés und Läden machen jede Straße zu einem ganz besonderen Erlebnis.

Dadurch, dass jedes Haus in einer anderen Farbe gestrichen ist, erschafft sich so ein buntes und lebhaftes Bild einer kleinen Stadt, indem die Indígenos in ihren traditionellen Kleidern neben Geschäftsmännern und Kindern in Schuluniform einen ganz eigenen Charme ausmachen.

Durch die einfache Orientierung bietet es sich bei ausreichender Zeit auch an, sich in den Straßen treiben zu lassen – die historische Altstadt als UNESCO-Weltkulturerbe ist eine Erfahrung für alle Sinne und muss auf keinen Fall nach einem strikten Zeitplan besichtigt werden, denn von Langeweile kann man hier nie sprechen.

Jede Straßenecke ist andersartig und bietet einen neuen Ausblick auf die rauchenden Vulkane und den klaren blauen Himmel.

# Ausflugsziele in der Umgebung

## CERRO DE LA CRUZ

Der Cerro de la Cruz – auf Deutsch „Hügel des Kreuzes" – ist zu Fuß aus von Antigua in etwa zwanzig Minuten erreichbar und bietet einen beeindruckenden Panoramablick über die Stadt. Der Weg dorthin beginnt am Nordwestende der Stadt, ist klar mit Schildern gekennzeichnet und mit Treppen und Wachmännern gesichert. Zwar steigt der Weg beständig an, ist aber nicht zu steil. Besonders empfehlenswert ist es, schon am frühen Morgen loszulaufen – so ist einerseits der Hügel noch fast menschenleer, andererseits verhängen sich die Vulkane im Laufe des Tages oft mit Wolken. Am Morgen ist die Luft noch kristallklar und öffnet dem Besucher einen gigantischen Fernblick – nicht nur über die symmetrische Straßenlandschaft Antiguas, sondern auch auf alle drei Vulkane des Umlandes: Von Osten nach Westen sind der Fuego, der Agua und der Acatenango zu sehen. Mit etwas Glück kann man den fast täglich ausbrechenden Fuego rauchen sehen – ein einmaliges Spektakel, was die Wanderung zu einem Muss für eine Antigua-Reise macht.

## LA NUEVA FABRICA

Erst vor kurzem eröffnete mit La Nueva Fabrica eine neue Galerie in Antigua, die sich vor allem darauf spezialisiert hat, jungen mittelamerikanischen Künstlerinnen und Künstlern ein Forum zu bieten. Gelegen inmitten eines wunderschönen botanischen Gartens zeigt diese Galerie, deren Architektur inmitten tropischer Pflanzen und Wasseranlagen schon einen Besucht für sich wert ist, Werke junger Talente, die in der Spannung zwischen traditioneller Maya-Kultur und westlichen Einflüssen stehen. Die Installationen sind auch für diejenigen höchst

sehenswert, die vor moderner Kultur sonst eher zurückschrecken – hier bietet sich kostenfrei ein inte-
ressanter Einblick in die Künstlerkultur des Landes.
Im kleinen Souvenirladen lassen sich einzelne
Werke erwerben, die Cafés im Garten sind ebenfalls
zu empfehlen. La Nueva Fabrica liegt im Westen Antiguas, kann aber leicht mit kostenlosen Tuk-Tuks
erreicht werden und bietet eine erfrischende und
ruhige Abwechslung vom Trubel der Stadt – lassen
Sie sich überraschen. Das Hotel Casa Santo Domingo
bietet einen kostenlosen Shuttle im Stundentakt zur
Nueva Fabrica.

## MALERISCHE DÖRFER UND ORTSCHAFTEN UM ANTIGUA

Sobald der Wagen nicht mehr über Kopfsteinpflaster
holpert, betritt man das landschaftlich beeindruckende Umland von Antigua, das geprägt ist von ver-
schiedenen Kaffeeplantagen, den Hängen der Vulkane und den kleinen Mayadörfern an ihren Flanken. Von Antigua aus bieten sich eine Reihe von
Halbtags- sowie Ganztagstrips in die umliegenden
Dörfer an an. Viele dieser Orte lassen sich

selbstständig erreichen – entweder mit dem Miet-
wagen oder auch mit dem lokalen Bus, dem sogenannten „Chicken Bus". Am meisten zu empfehlen
sind allerdings organisierte Touren, die bei Reiseun-
ternehmern gebucht werden können – so wird für
Ihre Sicherheit garantiert, außerdem ist die Orientierung im Umland ohne Spanischkenntnisse oft
sehr schwer.

Nur wenige Kilometer entfernt liegt der Ort
**Jocotenango**, der ebenfalls einen schönen kolonialen Stadtkern bietet. Besonders sehenswert sind die
zwei Museen am Hauptplatz – das **Centro La Azotea**
mit dem Haus der Musik, in dem besondere Instru-
mente der Region nicht nur betrachtet, sondern
auch getestet werden können. Dies sind vor allem
die berühmten Marimbas, aber auch Muscheln oder
Schildkrötenpanzer werden für die traditionelle
Maya-Musik verwendet, hierzu zeigt das Museum
auch interessante Dokumentationen. Das **Museo del
Café**, das sich nur um die Ecke befindet, veranschau-
licht mit allerhand Geräten den aufwendigen Vor-
gang der Kaffeeproduktion und die bedeutende
Rolle des Kaffees in der Mythologie der Maya-Völker.
Auch können natürlich Kostproben getestet werden

– für Kaffeeliebhaber besonders interessant, da in Guatemala oft, entgegen der Erwartungen, nur Instant-Kaffee sowohl in Hotels als auch Restaurants serviert wird. Rund um Jocotenango können auch Kaffeeplantagen besichtigt werden, die oft mit netten Souvenirs und einem Mitbringsel für Familie und Freunde in der Heimat locken.

Im Norden der Autobahn Panamericana locken vier Ortschaften zu einem Ausflug für kunst- und kulturbegeisterte Reisende: **San Martín Jilotepeque** lohnt sich vor allem für den authentischen Sonntagsmarkt, an dem für europäische Verhältnisse spottbillig hochwertige Waren erworben werden können. **Comalapa** ist ein Zentrum einer lokalen Maltradition, wo viele Künstler ihre Werke in kleinen Ateliers verkaufen. Hier ist am Dienstag Markttag. Das dritte Dorf dieser Tour ist in Richtung Guatemala-Stadt gelegen: **Santiago Sacatepéquez** ist vor allem bekannt für die einzigartige Zeremonie, die hier an Allerheiligen, dem bekannten *Día de los Muertos*, gefeiert wird. Die Einheimischen bauen für diesen Tag bis zu 10 Meter große runde Drachen, die sich gemeinsam in die Luft erheben. Oft sind diese Drachen mit sozialkritischen oder politischen

Motiven bemalt, die gegenwärtige Zustände, wie etwa die niedrige Alphabetisierungsrate des Landes, kritisieren. Auch in Richtung Nordwesten liegt **San Andrés Itzapa**, ein sehr kleiner Ort, an dem eine Kultstätte des Maximón besucht werden kann.

An den Flanken des Vulkans südlich von Antigua lockt der Ort **Santa María de Jesús**. Von hier aus starten viele Touren auf den Vulkan Agua, auch lassen sich hier die traditionellen Gewänder der indigenen Bevölkerung besonders gut studieren – fast alle Bewohnerinnen des Dorfes stellen täglich die sogenannten „huipiles" zur Schau.

Auch im Süden Antiguas liegt die ehemalige Hauptstadt **Ciudad Vieja**, die ebenfalls einen Halbtagesausflug wert ist. Obwohl viel ihrer ehemaligen Pracht durch Schlammlawinen zerstört wurde, weist die Kirche La Immaculada Concepción noch auf ihren ehemaligen Glanz hin. Von Ciudad Vieja lohnt sich ein Abstecher nach **San Antonio Aguas Calientes**, ein sehr kleiner Ort, an dem allerdings ein besonderes Naturspektakel zu sehen ist: Die namensgebenden heißen Quellen sind zwar versiegt, trotz allem bietet sich vom Hochplateau aus ein einmaliger Blick auf das Umland. Auch in diesem Ort

findet man ganz besondere Webarbeiten der Indígenas: Jeder Ort des Hochlandes um Antigua hat
eine andere individuelle Tracht – die Farben und unterschiedlichen kunstvollen Verzierungen sind also
auch identitätsstiftend.

## CHICHICASTENANGO

Nach einer abenteuerlichen Fahrt über kurvenrei-
che Straßen kommt man nach einer etwa zwei- bis
dreistündigen Anreise von Antigua aus in das religiöse Zentrum des Landes – Chichicastenango. Meist
nur kurz „Chichi" genannt, wirkt der kleine Ort meist
eher verschlafen: Die Ruhe hält allerdings nur kurz
an, denn jeden Donnerstag und Sonntag strömen
Hunderte von Händlern und Reisebusse voller Touristen in die Stadt, um am wohl berühmtesten Markt
Guatemalas teilzunehmen. Dicht an dicht werden
Stände errichtet – dort werden Kleidung, Antiquitä-
ten, Schmuck und traditionelle Holzmasken verkauft, aber auch die Guatemalteken kommen, um
Dinge des alltäglichen Gebrauchs, Tiere und Lebens-
mittel zu erwerben. Diese Flut an Farben, Düften und
Menschen wirkt überwältigend, aber sobald man

sich in den engen Gassen orientiert hat, kann man die Eindrücke vollständig auf sich wirken lassen. Manch unerfahrener Tourist mag schon zu viel bezahlt haben, aber mit etwas Verhandlungsgeschick und etwas Beharrlichkeit lassen sich sehr gute Preise herausschlagen – außerdem werden so keine touristischen Läden, sondern die kleinen Händler und Handwerker der Region unterstützt. Chichi ist auf über 2 000 Meter über dem Meeresspiegel gelegen und ist eine Hochburg des Katholizismus – allerdings ist diese Hauptstadt der Quiché auch stark von indigenen Religionen geprägt. Die Quiché ist das mit zwei Millionen Angehörigen bevölkerungsreichste Maya-Volk in Guatemala, das Gebiet zieht sich weit in den Norden, bis an die Grenze Mexikos. Dass vor der Hauptkirche Chichis – der Iglesia de Santo Tomas – Räucherstäbchen und Kessel zu traditionellen Gesängen geschwenkt werden, zeugt von dieser zweigesichtigen Natur der Stadt zwischen indigenem Glauben und strengem Katholizismus. Die Kirche ist neben dem Markt die Hauptattraktion der Stadt, schon seitdem sie 1540 auf den Ruinen einer Maya-Stätte erbaut wurde, gilt sie als eine der beeindruckendsten Kirchen des Landes.

Auch das danebenliegende Dominikanerkloster ist von großer Bedeutung – hier wurde eine Abschrift der heiligen Schrift der Quiché verfasst, des „Popol Vuh", die das Religions- und Weltbild dieses Volkes erklärt und zu den wichtigsten Dokumenten des indigenen Amerikas zählt. Das Museum der Stadt (Museo Regional) zeigt eine Keramik- und Jadesammlung.

Bei einem Ausflug nach Chichi sollte man auf keinen Fall verpassen, den Friedhof der Stadt zu besichtigen. Dieser ist etwas abseits gelegen (vom Hauptplatz aus nach Osten die 9a Calle hinab, dann den Hügel hinauf), demonstriert aber den für Lateinamerika typischen und recht charmanten Umgang mit dem Tod: Der ganze Friedhof ist in knallbunten Farben über einen Hügel erstreckt, zwischen den bunten Steinen spielen Kinder und neben christlichen Kreuzen findet sich auch ein Opferstein (Pascual Abaj), der für die indigene Bevölkerung von großer Bedeutung ist. Dem Turkaj – dem Gott des Regens und der Ernte – werden zahlreiche Opfer gebracht, und die rußgeschwärzten Steine um ihn herum zeugen von der Wichtigkeit für die Quiché.

Chichicastenango ist – gerade an einem der

Markttage – ein einmaliges Erlebnis für jede Reise nach Guatemala und Antigua. Von Antigua aus fahren zahlreiche Touren früh am Morgen nach Chichi und kehren am späten Nachmittag zurück. Die einmalige Atmosphäre lohnt die etwas längere Fahrt in jedem Fall und sollte ein Bestandteil jeder Antigua-Reise sein. Auch die Jagd nach Schnäppchen und die große Vielfalt an Street Food, die auf dem Markt angeboten wird, machen diesen Ausflug zu einem Erlebnis für alle Sinne.

## LAGO DE ATITLÁN

Das westliche Hochland Guatemalas mit seinen aktiven Vulkanen, naturbelassenen Landschaften und verstreuten Dörfern der Maya gilt als die schönste Gegend Guatemalas. Mitten in dieser ohnehin schon atemberaubenden Landschaft liegt das Schmuckstück des Landes – der Atitlán-See (Lago de Atitlán), umrundet von einer mächtigen Vulkankette. Der See, der sich auf über 1 500 Meter über dem Meeresspiegel über eine große Fläche erstreckt, verbindet 13 Ortschaften, die zum Teil nur per Boot zu erreichen sind. Der Lago de Atitlán ist der Überrest einer riesigen vulkanischen Caldera, die sich wahrscheinlich schon vor 12 Millionen Jahren gebildet hat. Besiedelt ist das Gebiet schon seit etwa 2000 vor Christus, und auch noch heute ist die Region trotz der starken vulkanischen Aktivität mit über 100 000 Einwohnern dicht besiedelt. Eine Besonderheit sind die außergewöhnlichen Lebensbedingungen am See, denn die Bewohner leben auch noch heute eng im Einklang mit der Natur. Die steilen und wild zerklüfteten Hänge, die kleinen Felder, die Seefischerei und das Schiff als wichtigstes Verkehrsmittel lassen einen Einblick in diese außergewöhnliche Gegend zu.

Ein Ausflug oder sogar ein Wochenende mit einer Übernachtung in einem der Orte am See gilt als absoluter Höhepunkt einer Guatemala-Reise – und ist auch für in Antigua urlaubende Reisende nur eine kurze Fahrt entfernt. Selbst die Einheimischen verlassen gerne die Städte für einen Trip gen Atitlán. Nicht nur das Baden im kühlen See ist wegen des wunderschönen Panoramas eine ganz besondere Erfahrung, es bieten sich auch zahlreiche Wanderungen durch die Maisfelder oder die Vulkanhänge hinauf an – und vor allem für das seelische Wohl bietet der Lago de Atitlán Gelegenheit: Vor allem der kleine

Ort San Marcos La Laguna ist inzwischen zum Zentrum für Yoga und Meditation geworden, hier werden zahlreiche wohltuende Massagen und traditionelle Behandlungen angeboten.

Die größte Stadt am See – Panajachel (meist kurz „Pana" genannt) – ist die modernste Ortschaft und alle wichtigen Adressen wie Banken, Arztpraxen und Apotheken finden sich hier. Normalerweise erreicht man den See über diesen Ort und steigt am Pier auf eines der kleinen Motorboote, genannt „lanchas", die in regelmäßigem Abstand die Dörfer am See abfahren – auch schon die Fahrt an sich lohnt sich, denn je nach Tageszeit wandeln sich die Farben des Wassers und der umgebenden Landschaft. Besonders idyllisch gelegen und ideal für ein Wochenendausflug oder eine Übernachtung sind die Orte des Nord- und Westufers. San Pedro La Laguna und San Marcos La Laguna bieten die nötige touristische Infrastruktur wie Hostels, Unterkünfte, Restaurants und Souvenirläden. Ein Muss ist eine Bootsfahrt über den See – hierbei kann man oft mehrere Ortschaften an einem halben Tag abfahren und besichtigen, besonders zu empfehlen ist neben den bereits genannten Dörfern das sehr authentisch verbliebene Santiago Atitlán, wo noch auf traditionelle Art mit Einbäumen gefischt wird. Auch die Kirche des Ortes ist sehenswert. Zusätzlich sind die Orte der Startpunkt für verschiedene Wanderungen und Ausflüge: Ein Highlight sind die Wanderungen auf die Vulkane um den See. Ein Aufstieg auf den Vulkan San Pedro bietet ein großartiges Panorama, sollte aber aufgrund des sehr steilen Anstiegs nicht überschätzt werden. Die Vulkane des Tolimán und der Atitlán lassen sich ebenfalls besteigen. Auch den Sonnenaufgang über dem See zu beobachten, ist ein unvergessliches Ereignis – der Aussichtspunkt „Indian Nose" nahe San Pedro bietet sich hierfür perfekt an und ist mit einem recht kurzen Fußmarsch zu erreichen. Wanderungen sollten unbedingt nur in begleiteten Gruppen gemacht werden und in den Nationalparks um den See ist es Pflicht, von einem Führer begleitet zu werden, Informationen dazu bieten Hotels und die Touranbieter auf den Hauptstraßen der Orte. Andere sportliche Aktivitäten, die rund um den See angeboten werden, sind Reittouren und Kajakfahrten.

Egal, wie lange man sich Zeit für den Atitlán-See nimmt – er sollte ein Bestandteil jeder Guatemala-

Reise sein: Wer nicht einmal in einem kleinen Mo-
torboot mit den Indígenas über das klare blaue Wasser des Sees geschossen ist, hat etwas verpasst. Der
Lago de Atitlán ist der perfekte Ort, um seine Seele
baumeln zu lassen und gleichzeitig vollends in die
Kultur der Maya einzutauchen.

# Die Vulkane um Antigua entdecken

Auch die drei gigantischen Vulkane um Antigua bieten sich für spektakuläre Wanderungen an – hierbei gibt es Routen mit allen möglichen Schwierigkeitsgraden, so kommen sowohl der Spaziergänger als auch Kletterer und erfahrene Bergsteiger zum Zug. Neben den überwältigenden Ausblicken von den drei gigantischen Bergen aus sind auch die Flora und Fauna, die sich an den sehr fruchtbaren Vulkanhängen entwickeln, einen genaueren Blick wert.

Jede Wanderung auf die Vulkane in Antigua sollte mit sorgfältigen Vorüberlegungen geplant werden: Zunächst einmal sollten Wetterbedingungen überprüft werden, genauso wie die Windstärke und eventuelle Gefahr einer Eruption. Sehr empfehlenswert sind Wanderschuhe – zumindest warmes und festes Schuhwerk ist nötig, genau wie wind- und wetterfeste Kleidung, mit denen man auch kalte Temperaturen übersteht. Es ist empfehlenswert, die Wanderung mit einer geführten Tour zu machen, so ist man im Notfall abgesichert, außerdem sind die Wanderführer sehr erfahren, kennen die Routen und können erste Hilfe leisten. Alle paar Jahre kommt es außerdem zu Überfällen auf Touristen – auch deshalb ist Wandern auf eigene Faust nicht zu empfehlen. Falls Sie trotzdem allein gehen, sollten Sie die Behörden über Ihr Vorhaben informieren und alle nötigen Notfalltelefonnummern mit sich führen. Dadurch, dass die Vulkane fast 4 000 Meter hoch sind, wird die Luft im Laufe der Wanderung immer dünner, weshalb Sie nur eine Wanderung wagen sollten, wenn Sie sich gesund und erholt fühlen. Außerdem sollte als letzter wichtiger Hinweis erwähnt werden, dass selbst wenn die Anbieter

Proviant anbieten, zusätzlich stets genug Wasser mitgenommen werden sollte, die größte Gefahr der Wanderung ist in der Tat das Dehydrieren – selbst bei der Kälte muss deshalb unbedingt genug Wasser getrunken werden. Auch Snacks sollten eingepackt werden, Schokolade, Nüsse und Bananen, die günstig auf dem Markt erworben werden können, bieten sich als schnelle Energielieferanten an.

Der **Volcán de Agua** mit seinen 3 760 Metern ist am einfachsten zu besteigen: Wenn man von der Plaza in Santa Maria de Jesús den Weg auf dem Berg am Friedhof vorbei entlanggeht, stößt man bald auf eine gut ausgeschilderte Route. Bis zum Gipfel kann man mit etwa vier bis sechs Stunden Wanderzeit für den Aufstieg und etwa zwei bis vier Stunden für den Abstieg rechnen. Natürlich ist eine Wanderung bis ganz nach oben möglich und eine Schutzhütte auf dem Weg bietet Unterschlupf, aber auch kürzere Wanderungen ermöglichen schon großartige Aussichten. Viele Anbieter in Antigua bieten außerdem geführte Touren auf den Agua an, die normalerweise etwa einen halben Tag dauern und meist sowohl vormittags als auch nachmittags starten. Oft werden Proviant und Wanderstöcke zur Verfügung gestellt.

Bei Bedarf stehen außerdem am Beginn des Wanderweges Pferde zum Reiten oder als Lasttier bereit, die für einen Betrag von umgerechnet 10 bis 20 Euro gemietet werden können, falls sich jemand die Wanderung mit dem schweren Gepäck nicht zutraut.

Während der Agua relativ leicht begehbar ist, müssen sich Wanderer beim Besteigen des **Volcán de Fuego** und des Acatenango einer deutlich größeren Herausforderung stellen. Der Fuego ist mit seinen 3 763 Metern Höhe nur für die erfahrensten Wanderer erklimmbar und eine Wanderung auf dem Fuego sollte stets nur nach intensiver Recherche stattfinden: Der Fuego ist einer der aktivsten Vulkane der Gegend und spuckt so gut wie täglich Feuer – und alle paar Jahre kommt es auch zu größeren Eruptionen. Zusätzlich ist die Besteigung vom Ort Soledad aus mit einer Gehzeit von über zwölf Stunden für nur eine Strecke sehr anstrengend und eine Übernachtung ist somit unerlässlich.

Ebenfalls eine Herausforderung – selbst für die erfahrensten Wanderer mit der besten Kondition – ist der **Acatenango**, wobei dieser 3 976 Meter hohe Vulkan mit zahlreichen geführten Touren täglich erklommen wird. Grund dafür ist die Tatsache, dass sich dem Besucher eine spektakuläre und unvergessliche Erfahrung öffnet – vom Acatenango aus blickt man nicht nur auf die umliegende Landschaft und Antigua, sondern man hat auch die Vulkane Agua und Fuego im Blick, weshalb man die einmalige Chance bekommt, auf Augenhöhe die Eruptionen des Fuego zu betrachten. Deshalb haben sich zahlreiche Anbieter auf eine Wandertour auf den Acatenango spezialisiert und es gibt kaum einen Besucher, der die Strapazen des Anstiegs später bereut hat. Die Touren auf den Acatenango liegen preislich bei etwa 80 bis 150 Euro – je nach Anbieter und nach Ausrüstung, die zur Verfügung gestellt wird –, alle Unternehmen bieten aber einen ähnlichen Ablauf an: Jeder Wanderer bekommt einen großen Rucksack, in dem auch mindestens fünf Liter Wasser, Proviantpakete und warme Klamotten transportiert werden, außerdem wird man mit Mützen, Schals, Winterjacken sowie Handschuhen ausgestattet. Am Morgen fährt man mit einem Bus von Antigua aus nach Solédad und bis zum Nachmittag wandert man hoch auf die Bergstation. Dort stellen die Touren Zelte, es wird gemeinsam am Lagerfeuer gekocht und gegessen – all dies mit Blick auf die Stadt und den Fuego.

Besonders in der einbrechenden Dunkelheit erlebt man faszinierende Farben und Lavaströme am Hang gegenüber und es mag sein, dass man während der Übernachtung vom Grollen des Vulkans aufgeweckt wird. Die Zelte auf der Bergstation sind bereits aufgebaut – nur die Schlafsäcke müssen noch ausgebreitet werden. Am frühen Morgen wird das letzte steile Stück zum Gipfel erklommen, um dort den Sonnenaufgang sehen zu können. Nach einem Frühstück folgt der Abstieg – normalerweise ist man am Mittag des nächsten Tages zurück in Antigua. Nehmen Sie sich für den nächsten Tag nicht zu viel vor und reservieren Sie ein Zimmer im Voraus, die Acatenango-Besteigung zehrt an den Kräften!

Die Wanderung und die kalten Temperaturen mögen zunächst abschreckend wirken – Vorsicht, hier kann es nachts bis in die Minusgrade abkühlen, außerdem ist der Wind nicht zu unterschätzen! –, aber auch hier ist es möglich, bis zur Bergstation ein Pferd zu mieten, und die freundlichen Wanderführer stellen sich auf jede Geschwindigkeit ein. Der Adrenalinrausch und die weltweit einmalige Erfahrung lassen aber schmerzende Füße schnell vergessen – der Acatenango sollte zum Pflichtprogramm für sportliche Urlauber gehören und ist auf alle Fälle ein einmaliges Erlebnis.

Von Antigua aus mag man die Vulkane schon bewundert haben, aber aus nächster Nähe die Aschefelder der Hänge zu sehen und das Grollen der heißen Erde unter den Füßen zu spüren, gibt eine noch intensivere Erfahrung und zeigt die Macht der Vulkane über Antigua, der Stadt, die sich stets mit der mächtigen Präsenz der Naturgewalten arrangieren musste. Doch die Vulkane sind nicht nur Zerstörer, sondern bringen auch die fruchtbare Erde in die Region und spielen deshalb auch in der Mythologie der Indígenas eine bedeutende Rolle – und so verwundert es nicht, wie viele kleine Dörfer sich an die Hänge der drei Riesen schmiegen.

# Die beste Reisezeit

Antigua liegt im Hochland Guatemalas, das auch das „Land des ewigen Frühlings" genannt wird. Das bedeutet, dass fast alle Tage warm und sonnig, die Nächte mild oder sogar kühl sind. Dieses als sehr gesund geltende Klima wird von der Höhenlage Antiguas geprägt, das wie auch der Atitlán-See und Guatemala-Stadt auf rund 1 300 bis 2 100 Meter über dem Meeresspiegel liegt. Zu erwarten sind also Tagestemperaturen von 18 - 28 °C, die Tage sind entsprechend der Nähe zum Äquator fast genau zwölf Stunden lang und durch viele Sonnenstunden geprägt. Für das Abendessen und die Nächte in Antigua sollten auch lange Hosen und eine wärmere Jacke eingepackt werden – aufgrund der Höhenlage kann es kälter werden als erwartet.

Jahreszeiten im europäischen Sinne vermisst man dagegen in Guatemala. Ganz Mittelamerika wird nur von zwei unterschiedlichen Phasen geprägt, der Winter („invierno") von Mai bis Oktober ist sehr verregnet und gilt als Regenzeit, während der Sommer („verano"), der sich von November bis April zieht, eine Trockenperiode darstellt. Diese Sommermonate eigenen sich bestens, das Land zu besuchen – die wohl beste Reisezeit für Antigua ist vor allem der Dezember und Januar, denn ab April können die Tagestemperaturen wieder auf über 30 °C steigen.

# Tipps und Tricks

Auch wenn die vorhergehenden Seiten schon viele Anregungen für Touren nicht nur in Antigua, sondern auch in der Umgebung bieten, gibt es weitere Geheimtipps, die Ihren Aufenthalt in Antigua zu einem einmaligen Erlebnis machen – und an den großen Touristenmassen, die in der Hauptsaison nach Antigua strömen, vorbeiführen.

Ein erster Blick soll auf Feste und Feierlichkeiten in der Stadt gerichtet werden – denn vor allem ist der Besuch Antiguas während der Karwoche, der sogenannten „Semana Santa", ein ganz besonderes

Spektakel. Hier sollten unbedingt Zimmer im Voraus reserviert werden, denn das ganze Land scheint in dieser Woche nach Antigua zu strömen. Nicht nur finden nach katholischer Tradition zahlreiche Prozessionen und Feste statt, auch werden in dieser Woche zahlreiche Straßenbilder von Künstlern mit Kreide auf die Straße gemalt, meistens religiöse Darstellungen oder Blumen. Dieses Ritual geht bis ins 16. Jahrhundert zurück, als sich der Katholizismus der spanischen Kolonialherren mit dem Glauben der indigenen Völker vermischte – bis heute ist die Religiosität der Bewohner von beiden Richtungen beeinflusst und die Semana Santa ist eine einzigartige Möglichkeit, dies mitzuerleben.

Falls Sie im Dezember nach Antigua kommen, sollten Sie in dieser Zeit auf alle Fälle nach Chichicastenango fahren, da dort der sogenannte „Danza del Palo Volador" veranstaltet wird – ein lokales Fest, bei dem traditionelle Tänze, Zeremonien und Riten gefeiert werden: Jeder Tag beginnt mit zeremoniellen Einleitungen durch Schamanen der Maya, später werden vor der Hauptkirche des Ortes die traditionsreichen „Danza" aufgeführt – eine Art des Bungee-Jumpings von einem dreißig Meter hohen Pfahl, begleitet von Melodien der Marimba.

Eine weitere Tradition der Maya, die man als Tourist miterleben kann, ist das Neujahrsfest – durch den Mayakalender fällt dies immer auf einen anderen Zeitpunkt und muss deshalb im Voraus recherchiert werden: Das Jahr der Maya wird in zwei Perioden unterteilt: An den Kreis der Sonne von 365 Tagen wird das sogenannte Tzolk'in von 260 Tagen angehängt – diese Zeit repräsentiert religiöse Praktiken und führt die Maya durch das Alltagsleben und spirituelle Veranstaltungen. Nach dem Abschluss dieses Jahres wird an mehreren Tagen mit Musik, Tänzen zu traditioneller Musik und Gebeten um das heilige Feuer herum das neue Jahr begrüßt.

Falls Ihr Besuch nicht auf einen dieser Zeiträume fällt, gibt es andere Geheimtipps, den Antigua-Urlaub zu etwas Besonderem zu machen. Auf keinen Fall verpassen sollten Sie es, einen Abend auf einer Dachterrasse eines Restaurants zu verbringen: Sobald es dunkel wird, können Sie mit etwas Glück den Fuego in der Ferne Feuer spucken sehen. Dieser ist im Osten der Stadt gelegen – wählen Sie also Ihren Tisch mit Bedacht! Besonders empfehlenswert sind das Café Sky (1a Avenida Sur) und das Frank &

Fre (6a Calle Oriente) – das Letztere bietet von 17 bis 19 Uhr sogar eine Happy Hour mit relativ günstigen Getränken an. Wer zufällig im Hostel Capitan Tom (Calzada Santa Lucia Norte 10) landet, kann sogar den ganzen Abend auf der großen Dachterrasse mit Blick auf den Fuego verbringen.

Weiterhin ist Antigua ein Geheimtipp für alle, die lateinamerikanische Tänze lieben – und für diejenigen, die sie gerne lernen wollen. Es gibt zahlreiche Tanzschulen, die für wenig Geld Tanzstunden anbieten; sogar Privatunterricht ist sehr erschwinglich. Vor allem Salsa erfreut sich großer Beliebtheit und durch die vielen Bars und Tanzlokale in der Stadt ist es möglich, seine neu erworbenen Kenntnisse direkt zu wunderschöner Live-Musik zur Schau zu stellen. Besonders zu empfehlen ist das New Sensation Salsa Studio (7a Avenida Norte) – hier kann sogar zunächst eine kostenlose Probestunde gebucht werden. Auch die Tanzschule „Salsa con Gloria" (6a Avenida Norte) überzeugt mit englischsprachigen Salsa-Lehrern.

Wer sich während seiner Reise in die guatemaltekische Küche verliebt hat und lernen will, wie man die berühmten Mais-Tortillas zubereitet – die übrigens nicht im deutschen Sinne als Chips zu verstehen sind, sondern weiche warme Fladen aus Maismehl sind und an jeder Straßenecke verkauft werden –, hat in Antigua auch die Möglichkeit, verschiedene Kochkurse zu absolvieren. Auch hier beginnen die Angebote schon bei einem einzigen Abend. „La Tortilla Cooking School" (3a Calle Poniente) bietet neben Kochkursen, in denen traditionelle Gerichte zubereitet werden, auch Touren über den Markt an. Besonders praktisch ist, dass die neu erlernten Gerichte sofort per Mail in Rezeptform an Sie weitergeleitet werden, sodass man sich auch zurück in der Heimat noch erinnert, wie genau die traditionellen Gerichte zubereitet werden. Auch das ChocoMuseo (6a Avenida Norte), „Cuscun" und „El Friol Feliz" (übersetzt so viel wie „die glückliche Bohne") bieten Kochkurse an.

Bereits erwähnt wurden die zahlreichen Spanischschüler, die für einen Sprachkurs nach Antigua pilgern – auch das ist natürlich eine Möglichkeit, seinen Urlaub aufzupeppen. Gerade für diejenigen, die eine längere Reise in die Region planen oder die schon immer Spanisch lernen wollten, bietet Antigua dazu eine einmalige Gelegenheit. In intensiven

Einzelstunden können Reisende zum Beispiel bei der Spanischschule „La Unión" in der 1 Avenida Sur ihr Spanisch verbessern – die Lehrer sind sehr geduldig, außerdem wird immer ein Tee oder Kaffee zu jeder Unterrichtsstunde serviert. „La Unión" ist auch ein guter Ansprechpartner für Ausflüge, Touren und Busshuttles.

Die beste Art und Weise, Antigua kennenzulernen, ist aber, sich selbst darauf einzulassen – die Stadt strotzt nur so von Leben, Musik und neuen Eindrücken. Haben Sie keine Angst davor, einen Laden zu betreten – die Einwohner von Antigua sind sehr gastfreundlich, höflich und freuen sich, wenn sich jemand für sie interessiert –, selbst dann, wenn Sie am Ende nichts kaufen. Auch wenn die Straßenverkäufer manchmal durch lautes Rufen abschreckend wirken können, lohnt es sich, dort einmal eine Leckerei auszuprobieren, vor allem die frischen Mangos und frittierten Churros sind sehr zu empfehlen. Lassen Sie sich durch die Straßen treiben, probieren Sie das günstige Gebäck in den kleinen Bäckereien der Anwohner, schauen Sie in die Hinterhöfe und lassen Sie sich auf ein Gespräch mit sowohl Einheimischen als auch Touristen ein, die oft die besten Geheimtipps geben – Spontanität und Neugierde ist die wichtigste Zutat, um Ihren Antigua-Urlaub mit außergewöhnlichen Unternehmungen zu füllen.

# Übernachten in Antigua

Antigua ist ein Reiseziel, das in jeder Preiskategorie tolle Unterkünfte zu bieten hat – von gemütlichen Hostels mit eigener Küche bis hin zu Nobelhotels mit Swimming-Pools und Spa-Bereich findet sich in Antigua alles, was das Herz begehrt. Die folgenden Hotels sind allerdings aufgrund ihres guten Preis-Leistungs-Verhältnisses besonders zu empfehlen und nach Preiskategorie geordnet.

Das **Hostal Split** in der 1a Avenida Sur überzeugt mit sehr niedrigen Preisen – ein Doppelzimmer ist bereits für ab etwa 16 Euro pro Nacht erhältlich. Auch bietet sich das Hotel für größere Gruppen an, auch ein noch günstigerer Schlafsaal steht zur Verfügung. Ebenfalls im Preis enthalten ist ein sehr leckeres typisch guatemaltekisches Frühstück – es werden exotische Früchte je Saison, Frijoles (schwarze Bohnen), Tortillas und Plantanos (Kochbananen) aufgetischt – dazu kommt Ei in Zubereitung nach Wahl (Huevos Revoltas oder ein Omelett). In Antigua finden sich an fast jeder Ecke günstige Hostels, das Hostal Split besticht aber mit seinem wunderschönen Innenhof, der begrünt und mit Springbrunnen und Sitznischen ausgestattet ist, in denen man sich nach den langen Fußmärschen durch die Innenstadt erholen kann. Nach dem lauten Markt und der Hitze der Mittagszeit ist dieses Hostel, das auch mit Sauberkeit und großen Zimmern überzeugt, der ideale Rückzugsort, um zur Ruhe zu kommen. Außerdem servieren die Inhaber ausgezeichnete und sehr günstige Burritos – für nur umgerechnet zwei bis drei Euro kann man aus einer großen Auswahl unterschiedlichster Zutaten seinen perfekten Burrito wählen.

Wer sich vom quirligen Leben in der Stadt erholen möchte, sollte auch die **Earth Lodge** in Erinnerung behalten – dieses Hotel, das etwas außerhalb liegt, bietet nicht nur atemberaubende Blicke über die Landschaft um Antigua, sondern es werden auch Yogakurse, Live-Musik an Sonntagen und Outdoor-Aktivitäten veranstaltet. Zusätzlich ist es möglich, alle drei Vulkane im Blick zu haben und einen Blick auf eine Eruption des Fuego zu erhaschen. Besonders aufregend ist eine Übernachtung in den Zimmern, die im Baumhaus der Earth Lodge eingerichtet sind – hier hat man das Gefühl, der Natur besonders nahe zu kommen. Auch gibt es Familienzimmer, große und gemütliche Zelte für die abenteuerlustigen Urlauber und reguläre Doppelzimmer. An die Earth Lodge ist eine ökologisch nachhaltige Avocado-Farm sowie ein viel gelobtes Restaurant angeschlossen. Das Hotel liegt etwa 7 km außerhalb von Antigua, von der Stadt aus wird ein Abholservice angeboten, außerdem kann ein Shuttle zum Flughafen gebucht werden. Preise beginnen bei etwa 24 Euro für ein Doppelzimmer pro Nacht. In der Hauptsaison sollte vorher reserviert werden.

Wer sich Luxus von seinem Urlaub in Antigua erhofft, sollte sich zweifelsohne das **Hotel Casa Santo Domingo** näher anschauen. 1989 wurde dieses Hotel auf den Ruinen des Konvent Santo Domingo errichtet und ist ein architektonisches Highlight der Stadt. Die Unterkunft beschreibt sich selbst als innovatives „Hotel-Museum-Spa" und bietet somit nicht nur luxuriöse und gemütliche Zimmer mit allen Annehmlichkeiten, die das Herz begehrt – Kühlschränke, Fernsehen und Mini-Bar sind inklusive –, sondern auch einen erholsamen Spa-Bereich. Die „Spa-Zimmer" verbinden das Zimmer direkt mit einem exklusiven Zugang zu den Saunas und Pools. Jedes Zimmer ist von Künstlern individuell gestaltet – hier finden sich nicht nur traditionelle Webarbeiten, sondern auch Malereien bekannter guatemaltekischer Künstler. Ein Doppelzimmer kann ab 130 Euro pro Nacht gebucht werden. Das dazugehörige Restaurant serviert internationale und lokale Gerichte in einer besonderen Atmosphäre. Das Hotel lädt nicht nur zum Verweilen, sondern auch durch seine besondere Lage und Architektur zum Entdecken ein und ist eine der besten Adressen in Antigua: Die Calle de los Carros liegt zentral, aber doch vom

Trubel der Hauptstraßen abgelegen.

Aber auch wenn Sie in diesen drei Unterkünften kein Zimmer bekommen, gibt es in Antigua eine große Zahl toller Unterkünfte – und es entstehen jedes Jahr wieder neue. Weitere gute Adressen sind die Hostels **Capitan Tom** nahe dem Busbahnhof und **The Doozy Koala** in 2a Calle Oriente, und auch Boutique-Hotels wie **Serendipity** (3a Avenida Norte) und **Las Cruzes** (3a Calle Poniente) genießen einen exzellenten Ruf.

# Die besten Restaurants

**W**ie bereits erwähnt, hat sich in Antigua eine große internationale Szene entwickelt, die natürlich auch das gastronomische Angebot der Stadt erweitert hat, sodass man in allen Preisklassen dinieren kann. Besonders empfehlenswert sind die folgenden Lokale und Bars.

Wer authentisch guatemaltekische und sehr günstige Küche sucht, sollte unbedingt einmal den **Rincon Tipico** besuchen (3ra Avenida Sur). In diesem schlicht eingerichteten Restaurant essen auch die Einwohner – serviert werden nur wenige Tagesgerichte, Beilagen sind variabel. Typischerweise gibt es Hähnchen (Pollo), das meist gegrillt zubereitet wird, dazu Reis oder Kartoffeln und typische Tortillas aus Maismehl. Dazu wird stets Salat serviert, oft außerdem Frijoles, schwarze Bohnen. Jedes Menü kostet um die 30 Quetzales und sättigt selbst die Hungrigsten – das Preis-Leistungs-Verhältnis ist unschlagbar. Achtung: Wer die volle Auswahl genießen möchte, sollte mittags kommen – am Abend sind meist nur noch wenige Gerichte verfügbar. Neben den Fleischgerichten gibt es auch eine vegetarische Alternative. Auch das Frühstück ist traditionell guatemaltekisch und sehr günstig, aber sättigend. Der Rincon liegt zentral, nur einen Block vom Hauptplatz entfernt und in der Mittagspause ist es schwer, noch einen freien Tisch zu finden.

Eine weitere Möglichkeit, sehr gut lokale Speisen zu probieren, ist **La Casa de las Sopas** in der 7a Avenida Norte. Hier finden sich auch für Vegetarier gute Alternativen – was in Lateinamerika oft eine Herausforderung darstellt. Wie der Name des Lokals unschwer erkennen lässt, hat man sich hier auf Suppen spezialisiert, und dies mit großem Erfolg. Vor allem an den kühlen Abenden lohnt es sich, eine der vielen typischen Suppen auszuprobieren – bitte unbedingt den netten Kellnern bei der Bestellung mitteilen, falls man es nicht zu scharf möchte. Das Restaurant überzeugt außerdem mit der geschmackvollen Einrichtung und dem hübschen Patio. Gerichte Starten bei etwa 45 Quetzales. Ein Geheimtipp ist das Nationalgericht Pepian – ein leckerer Eintopf.

Wer gerne frühstücken geht, ist im **Café Y tu Pina Tambien** gut aufgehoben. In der 1a Avenida Sur werden hier guter Kaffee und leckere Frühstücksteller serviert – auch internationale Gerichte, falls das lokal typische deftige Frühstück, das in den meisten Hostels serviert wird, nicht dem persönlichen Geschmack entspricht. Die Kellner sprechen Spanisch, Englisch und auch Deutsch, es können alle Gerichte auch mitgenommen werden. Eine besondere Empfehlung sind die leckeren Smoothies, die mit frischen Früchten vom Markt zubereitet werden.

Ein großartiges Restaurant, das sich auf veganes und vegetarisches Essen spezialisiert hat, ist **Wachuma** in der 4a Calle Oriente. Hier werden internationale und lokale Gerichte in veganer Variante serviert, genauso wie Burger und Curry. Auch die

Desserts sind sehr lecker. Ein Gericht startet bei etwa 40 Quetzales. Wer sich am fleischreichen Essen Mittelamerikas satt gesehen hat, sollte diesem Restaurant unbedingt einen Besuch abstatten.

Zuletzt soll ein besonders guter Italiener empfohlen werden, der die beste Pizza der Stadt serviert: **Romeo y Julieta Guatemala** in der 4a Calle Oriente. Hier werden italienische Pizzen mit dünnem Boden direkt im Steinofen zubereitet – der Koch hat in Verona gelernt und das schmeckt man heraus. Auch die Nudelgerichte, vor allem die Ravioli, und die Gerichte mit Meeresfrüchten sind sehr zu empfehlen. Das Ambiente ist gemütlich und im typisch italienischen Stil gehalten, die Preise sind fair. Pizzen beginnen ab 65 Quetzales. Auch italienische Weine können bestellt werden.

# Für den kleinen Geldbeutel

Wie fast alle lateinamerikanischen Länder ist es auch in Guatemala möglich, sehr viel Luxus für sehr wenig Geld zu erhalten – und das in allen Bereichen. Als allererster Tipp sollte der Geldwechsel angesprochen werden. In Guatemala ist es üblich, selbst in den Unterkünften mit Bargeld zu zahlen. Hier ist es wichtig, den Wechselkurs im Blick zu behalten und weder zu viel noch zu wenig zu wechseln. Bei nur kleinen Beträgen kommen oft große Gebühren dazu, zu viel Geld in der Nationalwährung lässt sich bei der Abreise gar nicht oder nur schlecht zurückwechseln – am besten besorgen Sie sich am Flughafen nur Quetzales für den ersten Tag und besuchen dann die Banken in Antigua für weitere Ausgaben. Die Banken sind immer eine zuverlässige Adresse für Geldfragen, damit man keinen Betrügern zum Opfer fällt. Vor allem wenn Sie Bargeld wechseln, sollten Sie Ihr Geld immer noch ein zweites Mal nachzählen: Es sind erstaunliche Tricks im Umlauf, manchmal fehlt selbst dann noch Geld, wenn es Ihnen gerade korrekt vorgezählt wurde. Vorsicht bei Abhebungen: Manche Automaten erheben eine große Gebühr. Versuchen Sie, stets kleine Scheine zur Hand zu haben und heben Sie diese bevorzugt auf – oft behaupten Straßenhändler, kein Wechselgeld bei sich zu haben.

Die Wahl des Hotels ist eine weitere Möglichkeit, Geld zu sparen. Zunächst sollten natürlich bei der Hotelbuchung Preise verglichen werden: Oft bieten kleine Hostels auch Doppelzimmer für nur 10 bis 15 Euro pro Übernachtung an. Um noch mehr zu sparen, sollte man sich die teuren Buchungsgebühren der Buchung via Internet sparen – gerade in der Nebensaison kann man ganz einfach anrufen und sich ein Zimmer reservieren lassen. Auch sollte man immer in der Nationalwährung (Quetzales) zahlen, damit man keine Umrechnungsgebühren zwischen Euro, Dollar und Quetzales dazu bekommt. Manchmal haben die Besitzer von Hotels auch gute Tipps oder freundschaftliche Beziehungen zur Weiterreise, so lassen sich günstige Zimmer sicherstellen.

Am meisten kann man bei der Verpflegung sparen. Auch wenn oft vor Magenverstimmungen wie „Montezumas Rache" gewarnt wird, sollte man nicht vor Street Food zurückschrecken. Solange Sie sich an die folgenden Regeln halten, sollten Sie auf der sicheren Seite sein: Eis sollte nicht gegessen werden – oft wird dieses mit Leitungswasser zubereitet. Solange ein Gericht gekocht oder durchgebraten ist, sollte ebenfalls nichts passieren. Obst und Gemüse sollte abgewaschen werden. Gerade in Antigua herrschen allerdings hohe hygienische Standards und so lassen sich auf Märkten Früchte, Nüsse und kleine Snacks erwerben, die als Mittagsmahlzeit oft ausreichend sind. Auch sind Bäckereien ein guter Anlaufpunkt. Ein Geheimtipp für ein gutes und günstiges Essen ist, sich eine reife Avocado zu kaufen und diese mit etwas Brot zu essen – so ist man für weniger als einen Euro gesättigt und es schmeckt. Für warme Gerichte sollte man sich an sogenannte „Comedores" halten – das sind Restaurants, in denen (meist die gleichen) einfachen Gerichte für Einheimische serviert werden. Hier kann man für 15 bis 30 Quetzales (je nach Region) eine Hauptmahlzeit bekommen, die Qualität ist oft sehr gut. Nachschlag wird nach Nachfrage aufgetischt.

Wenn Sie Busshuttles, Ausflüge oder andere Touren buchen, lohnt es sich meist, zwei bis drei Anbieter zu vergleichen, um dann den günstigsten auszuwählen. Aufgrund der Sicherheit sollte allerdings hierbei nicht gespart werden – Guatemala hat trotz aller Vorkehrungen auch in touristischen Gebieten eine hohe Kriminalitätsrate. Es lohnt sich, den Touristenbus zu nehmen, auch wenn am Ende fünf Euro mehr ausgegeben werden. Der teuerste Punkt bei der Reise wird am Ende des Tages doch der Flug bleiben – auch hier lohnt es sich, die Preise über einige Zeit im Auge zu behalten und Hin- und Rückflug zusammen zu buchen. Mit Glück kann man so Flugpreise von 450 Euro pro Person ergattern.

# Anreise und Anbindungen

Wie gerade erwähnt, ist eine Reise nach Antigua natürlich mit einem Flug verbunden. Nach Guatemala gibt es wenige Direktflüge von Deutschland aus, meistens wird in Madrid oder Amsterdam zwischengelandet, manchmal gehen die Flüge auch über die USA. Es muss mit einer Anreisedauer von etwa 13 bis 15 Stunden gerechnet werden, neben Lufthansa fliegt auch Air Iberia regelmäßig den internationalen Flughafen in Guatemala-Stadt an. Die Zeitverschiebung nach Guatemala beträgt acht Stunden (UTC-6). Für eine Einreise für bis zu 90 Tagen ist ein Reisepass, aber kein Visum notwendig. Für weitere 90 Tage muss danach ein Touristenvisum erworben werden. Achten Sie unbedingt darauf, dass der Pass gestempelt wird, sonst können bei der Ausreise aus Guatemala erhebliche Gebühren anfallen.

Vom Flughafen in Guatemala-Stadt benötigt man etwa vierzig Minuten mit dem Bus nach Antigua. Hierfür ist es nicht nötig, bereits im Vorfeld online einen Busshuttle zu buchen – oft ist dieser deutlich teurer, und am Flughafen fahren im Stundentakt Minibusse nach Antigua ab. Selbst wenn man spätabends ankommt, lohnt es sich, weiter nach Antigua zu fahren – Guatemala-Stadt sollte aus Sicherheitsgründen in großen Teilen gemieden werden. Aus demselben Grund bietet es sich auch nicht an, mit dem öffentlichen Bus zu fahren. Außerdem bieten die Touristenbusse den Vorteil, dass man direkt am Hotel abgesetzt wird und sich somit den Weg dorthin spart – dieser kann aufgrund der schweren Koffer und des Kopfsteinpflasters bisweilen eher ungemütlich sein.

Antigua liegt nah an der Autobahn

Panamericana, die sich fast durch das ganze Land zieht und Guatemala mit den Nachbarländern verbindet. Aus diesem Grund ist es möglich, Antigua als Ausgangspunkt für weitere Ausflüge und Reisen zu wählen. Vom Busbahnhof fahren fast täglich Busse nach Honduras, Mexico und El Salvador ab. Auch die touristischen Ziele in Guatemala, Lago de Atitlán, Tikal sowie die Karibikküste, sind von Antigua aus erreichbar. Die Preise werden je nach Strecke berechnet – für eine Fahrt an den Atitlán-See sollten zum Beispiel etwa 85 Quetzales anfallen. Oft sind auch die Touristenbusse sehr voll, deshalb sollte man unbedingt einen bis zwei Tage vor Weiterreise einen Platz reservieren. Die lokalen Busse fahren am Busbahnhof (Terminal de Buses) ab. Auch wenn von deren Gebrauch eher abgeraten wird, sind die sogenannten „Chicken Busses" etwas Besonderes – Guatemala verwendet die ausgemusterten Schulbusse der Vereinigten Staaten als öffentliche Busse. Oft sind diese bunt bemalt, verziert und mit Leuchtstäben eingerichtet. Die Reise mit den lokalen Bussen ist oft sehr günstig.

ALINA ROSENBERG

# Sicherheit in Guatemala

Lateinamerika ist oft wegen der hohen Kriminalitätsrate als gefährliche Reiseregion verschrien – dasselbe gilt auch für Guatemala. Deshalb sollte sich vor einer Reise nach Guatemala jeder Reisende auf der Seite des Auswärtigen Amtes über Reisewarnungen und zu meidende Regionen informieren und sich im Optimalfall auch als Besucher des Landes online registrieren lassen. Hilfe im Notfall bietet das Auswärtige Amt und die Deutsche Botschaft in Guatemala-Stadt (Nivel 10).

Als Haupteinnahmequelle in Antigua sorgt der Tourismus dafür, dass die Sicherheitsvorkehrungen durch die Polizei immer weiter steigen. An jedem öffentlichen Platz werden Sie Polizisten und Militär sehen, auch bekannte Wanderwege werden patrouilliert. Wenn sich Reisende an bestimmte Grundregeln halten, ist auch das Bereisen von Guatemala gefahrlos möglich. So sollten Spaziergänge in der Nacht vermieden werden, vor allem außerhalb der historischen Altstadt, gerade Frauen sollten nicht allein am Abend unterwegs sein. In Antigua ist Ausgehen für Touristen möglich, suchen Sie sich aber im besten Fall ein Restaurant oder eine Bar, die in unmittelbarer Nähe Ihrer Unterkunft liegt. Wie bereits mehrfach im Reiseführer hingewiesen, sollten öffentliche Busse vermieden werden, da diese regelmäßig überfallen werden. Taxis und Touristenbusse bieten dazu eine gute Alternative. Trotzdem soll betont werden, dass ständige Angst nicht nötig ist – Guatemala kann gefährlich sein, aber solange man offene Augen und Ohren auf seine Wertsachen behält, die lokalen Sitten und Gebräuche respektiert sowie die Reisewarnungen ernst nimmt, ist dieses Risiko deutlich geringer. Auch Touren werden von Anbietern von Zeit zu Zeit aufgrund von Sicherheitsvorkehrungen abgesagt – dies sollte niemals Anlass dafür sein, die Tour auf eigene Faust zu planen.

Weiterhin sollten Sie vor einer Reise Ihren Hausarzt zu nötigen Impfungen befragen – und einen Blick auf die Frühwarnsysteme der Vulkanologen werfen: Dieses seismologisch sehr aktive Gebiet ist immer wieder für eine Überraschung gut.

# Auf nach Antigua

Dieser Reiseführer soll zeigen, dass Antigua mehr als nur einen gewöhnlichen Städteurlaub voller Museumsbesuche, Cafépausen und eventuell einem Theaterabend zu bieten hat. Eine der beeindruckendsten Landschaften des ganzen amerikanischen Kontinents kann auf einer Reise nach Antigua verbunden werden, mit intensiven und exotischen kulturellen Erlebnissen, der Begegnung mit den indigenen Maya des Landes und zuletzt einem Aufenthalt zwischen den kolonialen Prachtbauten der Stadt.

Eine Reise nach Antigua ist unvergesslich – von

den bunten Häusern und rauchenden Vulkanen werden Sie noch lange träumen. Gerade abenteuerliche Reisende, die sich an Europa satt gesehen haben, sollten Antigua im Blick haben: Guatemala wird langsam immer populärer und inzwischen auch von Pauschaltouristen entdeckt.

Nutzen Sie Ihre Chance, noch einmal fernab von touristischen Pfaden eine außergewöhnliche Reise zu erleben. Wenn Sie in den Wintermonaten von Sonnenschein träumen – warum nicht Guatemala?

Herstellung und Verlag:

BoD – Books on Demand, Norderstedt

ISBN: 9783751981071